AF191842

Herstellung: Books on Demand GmbH

ISBN 3-8330-0406-1

Neue Alte Welt

Gedichte, Texte

von Arno Schlick

Dieses Buch widme ich

allen die schreiben – aber besonders

Thomas Brons

Manfred Schwab

Klaus Schlesinger

durch deren Engagement ich

zum Schreiben gekommen bin

Preis: 12 €

Vorwort

Die vorliegenden Texte sind zwischen 1990 und 2001 entstanden. Soweit möglich, wurden sie mit einem Datum versehen. Dadurch lässt sich eine gewisse Entwicklung ablesen – und sie lassen sich in ihrem zeitlichen Rahmen betrachten. Wann dies jeweils wichtig sein könnte, sollen aber die Leser selber entscheiden.

Ich wünsche eine spannende Lektüre und dass die Texte etwas taugen mögen. Viele von ihnen wurden bereits für Literaturwettbewerbe verwendet, vor allem für den alljährlichen Preis der Nürnberger Kulturläden für Jungautoren. Irgendwann ist man aber kein Jungautor mehr – deshalb u.a. dieses Buch! Es möge all die Schwierigkeiten überwinden, die die Veröffentlichung von Gedichten mit sich bringt.

Die Quelle entspringt -
Das Floß wird gebaut
auf der Reise

(Aus: *"Aufbruch"*; Seite 56)

Arno Schlick

Stationen einer Europareise - August 1990

(Von Deutschland über Österreich nach Kroatien.)

I Zagreb Hauptbahnhof

Gewitterwolken wischen bleiern den Himmel kalt.

Der warme Boden, den der Wind fegt

erzählt Reste eines gelb stechenden Nachmittags.

Soldaten, Touristen, warten auf ihren Abtransport.

Kinder schleifen Taschen über polierten Kalkstein.

Die ersten Tropfenpakete fallen vom Himmel

und geben dem Rost auf den Zugdächern Tiefe.

II Ein Mädchen

Ihre Haare wirft aufgebrachte Luft quer, wirr durch die Höhe.

Sie hebt die leichte Hand und streift die Strähnen glatt - umsonst

- // ein Intercityzug schrapnellt in den Bahnhof ein

verdeckt jede Sicht. Bringt neue Menschen. Vertauscht sie.

Nach einer Zeit ruckt er vor, gleitet, und schlüpft ins Grau.

- // Das Mädchen! - ihr Freund, wieder bei ihr.

8.1990

(Von Frankreich über den Ärmelkanal nach England.)

Auf der Fähre Boulogne-Folkstone

Weißer Nebelraum

wird betreten.

Möwenvögel drücken sich

aus leeren Wänden.

Durch Fäden an der Decke fest.

Andere sind Kratzer

an den Wänden die das alte Festland

in sich aufsaugen.

Oben

im Eck: Sonne.

Einziges Licht.

8.1990

(Über England nach Schottland.)

Ein Strand bei Edinburgh

Ringsum im ölbefleckten Kalkpanzer
lagern Basaltblöcke zwischen Muschelmassen.
Geduckt in die letzten Pfützen und Tümpel
aus denen knisterndes Bläschenplatzen
den weiteren Rückzug des Wassers bestätigt.

Zäher Meergeruch kriecht
Atem beengend und Gedanken frei lösend
tief in die Lunge.

Algengummi
garniert das dekadente Muschelmahl.
Und der schmuddelig-blindbleiche Meeresspiegel
vibriert leicht, als hielte er eine Weisheit hoch -
trüge sie auf seinen Händen hinaus, feierlich zum Horizont.

8.1990

Aufzählung, liegend

Weit

Im Bauch

Schlägt mein Herz

14.1.1991

Fremdgehen

Fremd

geht

wer nebenan

man nebeneinan-

der

her

Fremd

geht

die

Uhr

12.1991

Verwandlungen

Wie oft mir hier
der Abendstern
zum Flugzeug wurde

Das vorübergewehte Blatt
zur Ratte
und wieder zum Blatt

Oft schrieb ich *meinen*
Rücken rund
an deinen Briefen

8.1992

Freitag Abend in Berlin

Das Fenster öffnen:
Stadt strömt herein
Mit der Luft voller Autos
Imbißbuden Schreie und Hunde

Das Fenster aufmachen:
Geschmack schärfen für die Entfernung -
Für den bitteren Hauch
der nachtlahmen Vororte

8.1992

Vorgeburtsphantasie

Da tauche ich mich teilend
aus meiner Zelle auf
wos dünn und kühl
nach Meeresfrüchten riecht

Spule das Aufgebot an mein Leben
ins wirbelnde Vorgehen -
Wer Zeit dabei nennt
verharrt regungslos ...

Betrifft mich das
rötliche Leuchten
da draußen
nicht wesentlich mehr?

Sag ist da nur: Maske haben
und Weichheit entrinnen
oder alleine sein
offen?

Vorgeburtliches Fiebern -
Spuk an der Nabelschnur
Weißliche Quellungen
die wer am Bildschirm erkennt

Beruhigend:
Mein Hirn hat schon
Wut und Wand -
nichts gibt wesentlich nach ...

Wer die Zeit nennt
verharrt atemlos -
seine Zunge: ein Blauwal
der ganz langsam aufmerkt ...

1992

Blankenese

Elbwasser: Der Schiffahrt schaumige Unterlippe

    Zeigt sich, promeniert, Gruß weit Gefahrner vorm Land -

Hier einem Tal, wo ins Grün gewürfelt weißbunte Häuser

    Tonangebend sind ...

In entscheidungslose Flüge von Insekten

    Mischt ein Seewasserduft erdige Düfte mit ein

So geschickt, daß der Herbst darin leicht wird. Spielball der Winde

    Wird der Laut, der klar Raum durchtreffen soll.

Hier regieren nicht die Konzernchefs, wie man vermutet

    Sondern die Frauen im Haus. Unemanzipiert?

Üblicherweise vielleicht, doch jenseits gewisser

    Einkommensgrenzen verliert so eine Sicht an Gewicht.

Nichtsdestotrotz dringt ein düsterer Hauch aus dem Grund der

Geschichte

    Tragisch, und so, daß, wer fragt, heute noch Antwort

bekommt:

Stolz sei man hier auch auf grausame Küstenpiraten von damals.

    Ruhe wird dadurch belebt, stören wird es sie nicht.

Wenn es regnet, sind Oben und Unten hier einerlei, man

    Atmet im Zwienaß, im Grau, Wasser zieht bis ins Mark ... .

22.9.1993

Berliner Himmel

Unter (wie überall)
großartig angelegten Gemälden
zu denen die Atmosphäre
dieser Himmel sich anmischt
deuten Baukräne
unentschieden
über die Stadt

Nur wochenends
sind sie sich einig:

Unbewältigt
überläßt man die Arbeit
sonntags dem Wind

1993

Zukunft

Freiheit heißt
aus dem Haus zu gehen
ist ständige Heimat
ohne zurückzukehren

Nie bist du weg
aus Erinnern
dein Schuh

Erinnere die Zukunft
Erinnern nicht als
Zurückdenken -
Als Zurückdenken
wäre es ein Erobern

Zukunft
wird erobert
indem man
sie nicht zuläßt

Zukunft

kann nicht erobert sein

Höchstens

Freund

Erst dein

Gedächtnis

dein Schuh

lehrt den Unterschied

1993

Jahrestage

An Jahrestagen
nehmen wir nachträglich
Zukunft vorweg
Gebettet in den Alltag
aus sicher Vergangenem
(Ein Alltag
langsamerer Gangart)

Aber: Das Jahr kreist zum Kreuz
und zum Stern
bei den Namen
welche sich ändern

Ein Jahr hat
eigene Tage

5.11.1994

Normaler Tag, 4.Stock, Berlin-Schöneberg

Ein Tag in dem Tauben
von Simsen fallen -
kopfüber im Gleitflug
zu Boden

(... Futter ? ...)

Unten Autos die sich durch
Fußgänger schlängeln halten nicht
etwas
von der Stille des Teiches aus Luft
über ihnen

1994

Auf dem Gehweg

KAMPFKNÄULE AUS HUNDEGEJAULE

- diametral harmlos

der entgleisende Schritt

in ihren Kot

wenn man am Wenigsten

daran denkt - Klack klack

fühlt sich der Stock eines Blinden

voran -:

ein ernster Gedanke -

mit nicht mehr Nachdruck

als eben

notwendig

1994

Absurder Traum

Verausterte Berge!
Haufenweise
Krusten von Molluskentieren
- überall!
Auch auf lebendigen Wesen
organischer
Schiefer ...

Alles behaust
mit kleinen Panzern
und flechtig verkappt -
alles üppig und
schuppig verpuppt!

Land unter?
Nein. Kielwärts
nach oben
trieb unser Schiff
übers Wasser ...

1995

Ankh

Dieser
ägyptische Staub
in deiner Stimme -
verrät er Gleichgültigkeit
gehütet über platonische Zeitmaße?

Dein Auge
blickt offen -
ein alter Bovist -
aufgebrochen -
beginnt mit der Aussaat ...

Niedervergessene Traumgeweide -
Reste an Organischem -
führt das Beharren auf Liebe
neben der Liebe
aus ihrer Gruft

1995

Anschauung am Fensterbrett

Beachte:

      der Tropfen Wasser

            der aufschlagend spritzt

wird vorher verweht

Anders

      fallen der Betrachtung

         weitere

Tropfen

Dann falle selbst

      Verwehungen lernend

        zurück

in die Gewißheiten deiner Zeit

1995

Variationen einer Stampede-Situation

Jage deine Pferde

aus ihren Tälern

und sieh ihnen nach

Jage mit deinen Pferden

auf ihren Rücken

aus deinen Tälern

Vergiß nie

deine Täler -

Aber reite

deine Pferde

1995

Ein Erdrutsch bei Hersbruck

Urzeitlicher Meeresboden der hier offen
mit Donnerkeilen im Kalkgestein
und Ammoniten-Erinnerung
an die Oberfläche tritt
in unsere Bereiche

bietet beidem
unzählbare Fragen:
der Lust am Antworten -
dem Verlangen nach Antwort

Alter Meeresboden
der Witterung ausgesetzt
wird Schnittstelle letzter Bilanzen:

Dinge erzählen
und Dinge vergessen
sind hier ein und dasselbe

1996

Epigramm

Nichts geht

Den Weg

Den es

Kam

An

Kam

Es ganz

(Nebenbei)

1996

Hülle
(Penner, in Müllbeutel verpackt)

heimat

los

niemand

mehr

hier -

keiner

1996

Whodinis Wohnungstür

Wir lassen Grenzen und Mauern entstehen

wir schalten

die stöhnende Frau auf dem Bildschirm

ab

Wir lassen Mauern entgrenzt verschwinden

und

der Porno lief unbemerkt

weiter

An der Schnittstelle von Realität 1 zu Realität 2

endet jeweils

analytische Logik

fraglos

Manchmal wird hier blind überbrückt

(Dabei geschieht gar nichts Großes)

Wie zum Beispiel im Spiel der Metaphern

Whodinis Wohnungstür

steht eben ab und zu

auf

Ge-setz

Schuld
steht
nie auf

28.1.1996

Wurf

meiner silbernen Münze -
ihr wirbelnder Aufstieg
in den Parabelscheitel ...
Gruß ins Janusgesicht!

Fallend als Schlüssel -
im Sog der Bilder
öffnen sich
Türen

18.2.1996

Franken-Landschaft ohne Genußmittel
(In Erinnerung an E.F.)

Lebendig

eßbar und lahm

liegt der Boden

als Mitte

im novemberhaften März

Dieses Jahr saßen Schnee und Eis tief

und waren hartnäckig wie lange nicht gewesen -

Gletscherhafte Tümpel

stauen Wasser türkisfarben auf

Auch die Tode waren dieses Jahr andere

als es sonst der Fall gewesen ist -

Vom sternhagelvollen Himmel

kehrt der Blick nachts schon früh zurück

18.3.1996

Kein stummer Frühling

Kein stummer Frühling heuer wieder!
Das Totgeschwiegenwerden findet
systemkonform / konsumverträglich
an Straßenrändern und entfernter statt

Wer die Vögel heuer wieder hört
hört nicht die Vögel

Kein stummer Frühling wieder!
Genau gehört hört man wie gerne sich das leise Sterben
unter unsern Achseln einhakt
wenn wir pfeifend durch die Blütenzahlen schlendern

ohne aber nachzuzählen oder -hören
wer da singt

21.3.1996

Unterschiedliche Bedürfnisse

Mach einmal diesen Unterschied:

Blick mit der Sonne

Blick gegen sie

Was verlangt mehr Anstrengung -

Was ist aber wann

angenehm

27.3.1996

Weltspiele - und der Beruf Nachricht zu sprechen (Neutrinos des Mitgefühls)

ZEITZEICHEN -: Spiel zwischen Dasein und Abwesenheit

bei dem die Lust am Spiel im Hals verendet - Gültig hier nur als Fehler

dieser Gestus: Sich-glatt-ans-Hirn-fassen! (Wenn er auch hierhin gehörte)

Andererseits: Streng gelernte Umgehung der (Erweckung des Verdachtes der) Verdunkelungsgefahr im auf Reizgewöhnung fein abgestimmten

Vortrag - also: still jetzt! (Genau hingehört: nach dem Hin- nun die Nachrichten)

* * *

Anders in der Literatur: Erwähne die effektvollen Extreme geschickt LAUT

vorm nahen Tellerrand als Haupt- und Hintergrund

vor dem wir unsere allerweltsgefärbten Tage sonst zu essen pflegen

36

Auch hier die Denk-Spiele: gespannt zwischen Dasein und
Abwesenheit
Hier lebt zwar der Gestus: Sich-vor-den-Kopf-schlagen!
Hier läuft er aber meistens leer (Der Tellerrand ist überall – die
Grenze)

* * *

Kaum ausmachbar, aber: Ein Zucken der Lust am Authentischen
wirkt manchmal
fort in diesem Hals der spricht - denn sie hat das Wort
DEMOKRATIE
noch im Einschlummern durchaus vernommen - ein Traum?

Das geschichtliche Fühlen birgt in sich Wandlung - trägt sie aus -
in seiner
milchigen Unkenntlichkeit - - in ihrem Nebensachencharakter:
Deutlich
gleichen sich die LICHTEN MOMENTE inmitten der gesprochenen
Kriege

* * *

In den Stimmen des Einzelnen bestehen sie selten dem Nachweis -
jäh vereinsamt
sobald entstanden, zerfallen, geschluckt - zum befreienden
Räuspern zweckentfremdet - wie ein Soldat inmitten der Wüste
seine Fahne als Krücke benutzt um zu Gehen

Was er stattdessen hier hißt hat die Gestalt eines
Ausrufungszeichens -
bleibt aber dem Ausdruck nach auf seinem Weg hoch im Zenit -
schweigsam und niemals alternd - die tagende Frage des
Schmerzes

14.4.1996

Faszinierend ...

wie den Vögeln beim Tod
(durch Sehnenverkürzung)
ihr Kopf in den Nacken und
der Blick in ihren Hühnerhimmel sinkt

Sternbildgewordene Zeugen
(Fossilien) liefern uns die Vor-
über die Nachstellung wie wohl
der Erdboden einmal bevölkert war

Ausgrabungen - Baustellen
für unser Verständnis - aber
ohne zu vergleichen
gräbt man weiter Vergangenem nach:

Archaeopteryx-Geschwister
(halb Boden- halb Luftwesen)
so zappeln wir zwischenzeitlich
durch diese Spielhölle von Bodycounts

1.5.1996

Logarithmus
(... und dem Papst ein Kondom in den Kopf ...)

Niederere Mathematik

baut sich auf zum unlösbar erwiderbaren

Problem

Anschauliches Lehrbeispiel? -

Die Kurve wie sie eine Wand macht vor uns

in der Zeit

Dem Weiterleben steht uns mit

der Zeit (meint: unserer Zeit) die eigene Existenz

im Weg

Das Wie der Existenz fährt selbst

verständlich fort – und stellt sich grausig und begriffen auf

und hin als sein eigenes

Daß

Logarithmische Tsunami

aus uns - doch solcher Zukunft

ohne uns

19.5.1996

Biologie

Geruch der Säugetiere
beim Öffnen des Eingeweidesacks
mit der Schere

Duft der Blumen
im Botanischen Garten zu Berlin
mit der Nase

Informationen
über den Hergang des Unterganges
des Menschen

Womit?

19.5.1996

Abend im Deutschland der Neunziger

Zahllose versammeln sich zahnloser
um den zähflüssiger werdenden
Zuckersaft

Der Mond geht spitzer und rosaner
unter und unter - die Animation
stimmt

Mangel an Infragestand - unzufrieden
Die Mundwinkel gering
verzogen

Freude
lebt vereinsamt weiter
unter einem Stein

Die Liebe ohne Aufhalten verwaltet
sich zur Flechte -
zwischen Steinen

Die Liebe ohne Aufenthalt bekam

ein flaches Haus aus Pilzfäden
zum Freund

Und farbenblinde Nacht baut sich kühl
um uns auf und abgesondert
auf und auf

Um uns - die jeden von uns gern
SchwarzWeiß sehend
zu denken pflegen:

Die Nacht - die haßerfüllte Hülsenfrucht
springt farblos auf - beginnt nach drei
ihr eigenes Testament zu leben

20.5.1996

Sporen
("Laßt uns heute subversiv sein!" A.E.)

Sporen säen
die man übersieht

Sporen die sich durch die
dicken Häute bohren

Sporen die im Glashaus wohnen
zwischen Sand

Sporen die allergisch stören
ohne Namen

Sporen die gehässig sind

Sporen die die stille Liebe
in sich sitzen haben

(Im finsteren Eck:
Wachstum bei muffiger Feuchte)

Sporen deren Überdauern
Gleichgültigkeit nahe kommt

Sporen die den Zeitpunkt finden

Beiläufig
gewaltig normal

Sporen säen -
nach der Strategie der Pilze

24.5.1996

Atomkraft

Wieder diese Wirbelsäulenwolken die den Himmel quer
vernähen wollen * Wasserdampf drückt sich quirlender
hoch aus den Kühltürmen am Horizont * Regen ließ von
den Protesten Plastiktüten übrig und verpappte Schriftzüge

24.5.1996

Radio physikalisch

Relativität als
Raumzeit-Flucht
vor all-zuviel Nähe

Unschärferelation
der Gefühle spricht
für Spaß - oder gar

eine String-Theorie:
qua-rechnerisches
Laut-Origami!

3.7.1996

Nacht

Weite

im hörbarer werdenden

Ticken der Uhr

Das Schreiten

der Zeiger

wird deutlicher

mit dem Schlaf

Der gegangene

Schritt

stößt den

vergangenen

um als sein Denkmal

31.7.1996

Grobes zur Willens-Freiheit

Sei einmal deine Umwelt:

stülp die Umgebung im

geistigen Auge

um und erleb dich

von überall her

Stehe deine Gesichter durch -

bei deiner Person! überstürze

in alle Anblicke

als Gesicht

das keiner mehr kennt

Denn draußen so steht

unumschrieben

entsteht das Gesetz

in den Augen und

mit dem Schall

3.8.1996

Der Schwarze Riss

Dieser mordsschwarze Riß als der
Abend den Zugvogel
zu mir her und
vorbei schmeißt -

Tropfenring
in den der nächste unverwandte
Tropfen tritt -
wo es "heim" und immer
"heim" geht -

Ohne Ungeduld -
und immer unter Größenzuwachs
einer Folge einer Form
als ihrer eigenen Passage

7.8.1996

Herbst total
(Lied)

I

Den Bäumen rieselt ihr Gold und Blut

vor ihren tauben Klumpfuß

Ein schlauer Gebliebener steht

abseits auf der Kuppe aber es lacht

Klötzchenstapel im Sinn

von hinter dem Waldsaum

das Jagen und Rasen der Sägen

II

Bacchantisches Fressen -

Auswuchs einer neuen Form von Liebe

oder wilder Feuerfang eines Hasses

den eine Neuform von Wind stur

als Tuch durch den Wald zieht

bleibt es eine Art von Arbeit

mit Feierabend am Schluß

III

In den erschütterten Stämmen zirkelt

der Stoffwechselzusammenhang

so vor sich hin und in der Nähe

des Wütens fühlt jeder den Tod

dessen Standort der Wald bleibt -

Ein schlauer Gebliebener steht

abseits auf der Kuppe aber es lacht

29.8.1996

Der Inhalt der Wünsche

Symbol für das Anderssein - Menschengeschlecht -
Form von Ferse statt benanntem Augentier
... Nacht in den Städten ...

Die Zeit vergißt sich weiter -
weiter werden intellektuelle Schönheitsschirurgen
Instrumentarien ihre Wege bahnen

Unsere Welt wird gleicher
inmitten der Unterschiede
zu einem Gleichnis
(Das man immer wieder neu
zu erzählen und
umzuerzählen versucht ist)

Korrigieren läßt sich
der Schlaf, die Nase, Geschwindigkeiten
und sogar die Vorstellung davon
wer und was wir
wirklich sind -

Gleich

bleibt der Ursprung der Wünsche -

versteckt und ohne empfunden zu werden -

ein Wehmuts-Fossil:

Steines-Stein im Gestein dieser Erde

um das sich die Welt weiter abspielt

und dreht

Du vergißt diese Erde

Dich vergißt dieser Grund

Die Zeit vergißt sich und Du

Ferse voran augenlos

nennst es Gehen -

weil es so aussieht?

20.9.1996, Köln

Großstadtcowboy

Seinen einzelnen und weit verstreuten Single-Fingern

entziehen sich

die einzelnen und weit verstreuten

Körper dieser Stadt

Seit drei Wochen hat er sich nicht gewaschen

Seit einer Woche

riechen es außer ihm

auch die anderen

Er blättert in Stadtzeitungen wählt passende Nummern

(Sparte: Profis) geht

zum Geldautomaten holt noch sein

Glück aus der Wand

27.9.1996

Mitternachtssonnen

Nachts während es stiller wird
und eine Sonne aufgeht
über dem
wartenden Wasser

Ihre Strahlen -
die der tausendärmigen
zehntausend
Finger der Liebe

Sie huschen die
kleiner und
immer weniger werdenden
Wellen entlang

Bis es zwei Sonnen sind -
über dem Wasser und in ihm –
dem sich mitternachts
ein neuer Tag schenkt

28.9.1996

Aufbruch

Irgendwo in mir
beginnt das faltige
Gesicht eines Menschen zu lächeln

Wissende Hände
bekommen weit mehr von der Welt mit
mehr

Wissen Augen
als ihr glänzendes Hirnanhängsel -
ständig aufs neue

In mir nebenan
zerbricht eine urplötzliche
Spiegelwand
die ständig
ein Trauern ins Gleichgewicht zog

Die Quelle entspringt -
Das Floß wird gebaut
auf der Reise

28.9.1996

Bezugssysteme II

Glück muß erarbeitet sein
sagt ein wohl glücklicher Mensch
im U-Bahnwagen
zu einem anderen
gegengeschlechtlichen
der darüber vielleicht sogar
etwas wissen wollte

Und dann nochmals:
Am Glück muß man schon etwas arbeiten!
Bis ich bemerke
daß zwischen den Sätzen
seine Augen
verselbständigt
die Mitfahrenden abtasten

2.10.1996

Der Luna-Park im Herzen der Hauptstadt

Hoch auf die Vergnügungsmaschine!

die Schiene den Strang

und den Kopf der daran

halbes Gehör hat

Hoch auf das jammernde lichter-

Blinzelnde und kummerbunte Riesenrad!

Auf die von oben

bespuckbare Stadt!

Die Aufbau-Parolen der

Gotthabsieselig-DDR sind die

verstorbenen Geschwister der

westlichen Freudengerüste

Hoch auf das Feuerwerk!

Jeden Freitag

Jede Woche neu

im Jahr neu neu neu

10.10.1996

Die Metamorphose des Narzissos

Kein nackterer Mensch

stieg auf im

Mensch-im-Mensch

Kein Tag war nichts und

niemand mehr Umgebung

hier

vorm Spiegelsaal

dieser Sternenzufriedenheit

In den Augenteich fällt

eine gewissere Träne

als Welt - in die

jetzt vereinsamte Gegennacht

- nachtentsprechenden

Weltblick ins All im All

Den Sinnen abdirigiert

weht der Nacken

sein Flaum schäumt in Strömen auf

Im Rauschen der Blätter

blutet der Holz- und der

Harzgeschmack aus der Liebe

13.10.1996

Etwas Leichteres
(Die multimediale neue alte Welt)

I.

Stimmenrinnsale zu Meinungsdriften!

Die Bildschirmwelt fliesst als Netzwerk zusammen -

um die Lücken im Argument

zu den meidbaren Lücken

in der Welt

werden zu lassen

(*Sieh was du willst* - und:

Was du siehst das erhältst du zurück)

Megaschönheiten ausmachen

anmachen - BLAU

deutelt der Elektronenstrahl

durch die löchrige Maske

sein Bild-noch-ein-Bild

auf die geglätteten Stirnen -

zaubert dir dreiäugig

ein leichteres Universum

als Gegengewicht ins Gehirn

Um die Verstecke

des Durstes nach Narbigem

und der unreinen Nähe der Haut

schief auszuleuchten in Winterlicht?

Um der Schwierigkeit

ungequantelter Küsse

etwas Leichteres

danebenzusetzen

Europa - im weltweiten Netz aufgelöstes Fremdwort

Am Himmel erreicht Galileo Europa

- die Raumsonde den Jupitermond -

als Fussnote im Manifest eines Mythos der Raumzeit -

nicht mehr des griechischen alten

Doch der Stier hat Europa

im irdischen Dasein erneut heimgesucht:

Was kostet das Video der

Massenvergewaltigung

bosnischer Frauen und Mädchen -

bestellbar per Mausklick?

II.

Die Melancholie nach der Rückkehr aus den

Homepages

und den Technodiscos um sieben Uhr morgens -

menschliche Sehnsuchtswüsten

und Traumlandoasen

ergänzen einander perfekt nur im zeitleeren Spass

PRÄSENT ist Metall-

und Ozongeschmack

der knisternden

jederzeit hellen

Zustimmungsräume

um den verfügbaren

Mit-mach-Altar

Stimmenrinnsale zu Meinungsdriften!

Wenn die Einzelbedürfnisse zu den anderen stossen

um der Verschmelzung beizuwohnen

(pflicht- und erwartungsgemäss)

ergibt sich ein Zittern -

Irritationen der Orientierungslosigkeit -

schillernd -

zu leicht um als Beben zu gelten

aber zu zart

inmitten der universellen Uninformation

um uninformativ zu sein

    Um einander schnell

    an Scherenschnitte

    besser

    erinnern zu können?

    Um Ego-Reflexe nicht erst zu sehen um

    platt elektrisch äusserlich äusserst exakt

    ewig-eklektisch in Beziehungsimpulsen

    Neuanfänge mit neueren altzuzerhacken

Fremdwort Europa - im Netz aufgelöst

Indes oberflächentreu kartographiert:

THE WORLD ON CD-ROM

Im Himmel

erreicht Galileo Europa -

Für uns bleibt die Welt

beschreibbar als Scheibe   13.10.1996

U-Bahnhof Fehrbelliner Platz, Montagmorgen (U-Bahn Berlin I)

Joop aufs Gesicht

Haare gekürzt -

den typischen

Säugetiergeruch

beschränkt

auf die inneren Leibeshöhlen

Die Zeitung raschelt

druckfrisch -

der erste Knick

auf Seite drei

schafft Altpapier

Ein Aussteiger

steht abrupt

und kotzt den Morgenschnaps

aufs zitrusduftende

Bahnsteiggestein

Was den Fahrplan
mitnichten behindert

16.10.1996

Rang egal, wenn das Schauspiel beginnt

Der schwarzgekleidete Clown tritt aus dem Schatten
eines Baumes eines Hauses
oder eines großen Gesichts
(dessen Kopf deiner sein könnte) -

Schwenkt seinen Hut und lacht
denn selbst wer immer nur zuschaut
wird eines Tages einmal überrascht -
sei es durch einen hutschwenkenden Clown

Der sich aus dem gewohnt statischen und
übersichtlichen Landkartenanblick
löst über die Straßennamen stolziert
lacht und mit dir verschwindet

20.10.1996

Totem

Hier baue ich ein kleines Totem auf

aus diesem Lehm um dieses Gras

Verschmiert sitzt der Halbedelstein in der Mitte

Ein Gedenk-Mal für die Einzigartigkeit

und unausweichliche Ersetzbarkeit

jedes einzelnen von uns Menschen

Hier baue ich ein kleines Totem auf

Das heißt ich denk im Alphabet der Religion

obwohl ich lieber aus der Sprache spränge

22.10.1996

Der TEMPEL DER ENTTÄUSCHUNG

ist ein rundum kreideweißes Gebilde

und zeugt von einer

erschreckend einfachen

Vorstellung von Raumaufteilung

ER ist fahl von Tageslicht durchleuchtet

und nachts eben dunkel

ER besitzt einen leeren Vorhof

eine leere Haupthalle und an deren Ende

(man verspricht sich gerne das Ende der Absicht

auf dem Weg zum Beginn der Absichtslosigkeit

... hier flüsternd versteht sich)

einen kreideweißen Quader als Quasi-Altar

Der Aufenthalt kann sich als heilsam erweisen

aber auch ernsthaft verwunden

DORTHIN habe ich eine halbblaue Strohblume

trappiert zwischen die gefallenen Wunschzettel

unserer durchsichtigeren Hände

28.10.1996

Den Wettertoten des Winters 1996/97

I

Schwarzweiß-Fotografie
westlicher Zivilisation

Kontrast erhöht
im Laufe der Entwicklung

(Das Grau des Zwischentons
entfällt

auf
härterem Papier)

II

Die Kälte
steht

(Unsichtbare Kathedrale)

Macht alles
waagerecht

Daß
gleich

gültig
deutlich wird

Wir sind
auf einer Ebene

VERSCHIEDEN

3.1.1997

Warum-Walzer

I.

Sehnsucht

die uns das Wort GOTT schreiben ließ
anstelle von ~~SEHNSUCHT~~

Spiele der Warum-Fragen -
Blätter im Aufwind spiralisiert

unter ihren Bäumen deren Alter alles nur
schweigsamer macht -

Losgelöst
frei beweglich untot

flattern
die Blätter ihre Kreise

II.

Sehnsucht! drücken sich deine Finger
fragezeichenkrumm in die Gegenwarts-Wand

Jede Stelle bleibt elastisch vergißt nie
ihre ursprüngliche Form so

bleibt die Wand aus Gummi
die wir zur Tür erklärt haben wollen
gleich

(zäher und einfallsreicher
als jede Antwort es je für uns wäre)

III.

Vergiß du nie
wie alles ausgesehen haben muss

ohne
dich

(Deine Finger

bleiben nicht wie die Wand

Teile des

Unvergeßlichen)

Bloß:

Vergiß du nie

dein Lachen

7.4.1997

Phantombilder-Bogen

Gesichter fallen und bleiben
füreinander Gesichter

Wir lernen uns kennen
und kehren ineinander ein

Wir gehen auseinander
und kommen neu zusammen

Gesichter zerfallen
es tanzen die Schnipsel -
sie finden neuer zusammen

Wir kommen neu zusammen
Setzen uns auseinander

Wir lernen uns kennen und
kehren unser Innenleben um

Gesichter verändern sich und
Gesichter verändern einander

Gesichter fallen und bleiben

füreinander Gesichter

21.4.1997

Potsdam im Sommer 1997

in ihrer eleganz alle selbstverständlichkeiten •
    diese frau auf dem fahrrad • der
    hund im wackelnden trott vom
    trottoir runter und über die straße •
    abblätternder putz von den
    häuserwänden zu haufen gekehrt

eingenistete alte im fensterrahmen • verwachsene
    ellenbogen mit bart doppelkinn
    fensterbrett • sinnlich-
    gedankenverloren ruht geknickt
    ein daumen im mundwinkel •
    myriaden lindenblüten im warmen
    wind

der jogger gibt auf die welt zu verstehen • seine
    atmung wird solange er durchzieht
    zum teil der lokalen kreislauf-
    dynamik • schrittmacher-organ
    seiner umgebung

partikel an gegenwärtigem blitzen auf • im
zeitweiligen   bremslicht   der
toyotas • im snickers vom kiosk •
der bild • und der wetterfesten
frisur der lehrerinnen-figur mit
den   nickenden   einkaufstüten
voller sehnsucht nach boden

3.7.1997

Tanka über die Liebe

Streichelt Licht Dinge

auch zu ihrer Farblichkeit -

Liebe dringt weiter …

Bis ins Zentrum des Lebens

aus dem sie in die Welt wirkt

18.9.1997

Ozon

Im Blick die Plakatfetzen an der Häuserwand gegenüber
Ich sehe dein Gesicht unter ihnen als wäre es Zufall
(Du bist natürlich nicht dort und Bandmitglied oder Medienstar)

Ich stehe morgens auf und rühre den Kaffee gründlich um
Ich setze dich meiner Erinnerung aus
wie saurem Regen und Schwaden irren Ozons

Du hast dich gar nicht verändert sagt mir der Umstand
daß sich auch sonst nichts verändert hat
Ich setze dich nur der Erinnerung aus (ein stilles Geschäft)

Was Leute tun was Leute sagen muß nicht das selbe sein
Man erkennt die Charaktere in ihren Handlungsweisen
Ich stehe meinen Tagen gegenüber

Ich setze dich in der Erinnerung aus

18.9.1997

Ruhe

Du schließt das große Buch:
Sätze sind erlebbarer
mit dem Gesamtwerk
vor Augen

Alles ist da
Woher dann die Unruhe?
Du fühlst sie
während alles stillsteht:

Dein Tag hat
einen Haken
der entstehen wird aus
eigentlich Unwichtigem

18.9.1997

September

Die ersten Blätter schweben wie Lebewesen
durch die Lichtfluten der späteren Jahreszeit.

Leutselig schlendert ein Alter durch den Park
und grüßt. Ihn kennt keiner aber er kennt alle.

Den Dingen mit Eigenwärme kommt wieder
hoher Wert zu an den Rändern der Existenz.

23.9.1997

Gesetz und Möglichkeit

Spinnennetz - im oberen Fenstereck im
Wissenschafts-Zentrum für Sozialforschung:

Fortexistenz im Verbot
Im Verbot -
Brechung und Reflexion
des Sonnenlichts

Luftbälle spielen hier Trampolin
mit der Seide

Jahrmillionen-Statik -
Geläutert Gesetzen folgend
oder frech einfach
Möglichkeiten?

Freihängender Lebensraum -
schöpfbar ohne Mathematik?

Fortbestand im Verbot dieses Hauses -

Möglichkeit die sich eröffnet

im Mangel an Todesmut

seitens der allmorgendlichen Putzkolonne

Mangel und Möglichkeit

die ebensogut ein Gesetz sind

23.9.1997

Operation Berlin

Unter den großartig angelegten Gemälden
zu denen die Atmosphäre dieser Himmel sich anmischt
(wie überall wo es Wetter gibt)
deuten Baukräne
unentschieden über Zerwühltem umher

Schläuche treten aus Büschen -
Sperrzäune um bestaunte Löcher und Sand -
Absaugrohrgeflecht
über den Köpfen

Hauptstadt auf dem OP-Tisch -
Gelingt das Gesicht
wie man es will?
(Für Investitionen in glattere Haut
sind Wünsche nach Lachfalten ein
Faß ohne Boden)

Das Gerangel der Seifenblasen vom Kaiserreich
mit den Papierköpfen der Architekten hat zur
Gefährdung des Luftraumes geführt

Zwischen Ideen-Olymp und Grundwasser-Hades

deuten Baukräne

über die Stadt:

Nur wochenends

sind alle sich einig -

gedankenverloren überläßt man sie sonntags dem Wind

26.9.1997

Der festgetretene Pfennig
(Eine deutsch-europäische Elegie)

Eingeschlossen im gefrorenen Asphaltsee

 schimmert der kupferne Baum Kindergesichter an -

Lächelnde Sonnen, die über sein Wachstum nicht mehr bestimmen

 - Aktien-Rentner in spe - zackige Zukunftsvision -:

Silhouetten von Himalayas in ihren Köpfen. …

 "Währungsamulett Deutscher Bundesbank!" -

"Same mit der DNA des Wirtschaftswunders!" -

 Abseits vom Zahlungsverkehr blinkt er in günstigem Licht

Eingebettet bei der Ampel im Asphaltsee

 Prenzlauer Allee, Ecke Immanuelkirch. …

Das also ist sie, die Edelmetall-Alchemie der Moderne:

 Shoppenden nebenbei Gold nutzlos ähnlich zu sein.

Schöner Glanz des Profanen - muß so Alltägliches enden?

 Bleibt, wenn der Geldwert verpufft, irgendein Eigenwert?

(Heilen kann Kupfer, sagt man, aber nicht mit eisernem Kern.)

 Ohnehin wenig wert, scheint, da bleibt nicht viel.

Auch bei günstigem Lichteinfall nicht. So wird er dort kleben

 Aufbewahrt, bis spitz Fingernägel ihn

Wird es wärmer, in einen Geldbeutel befreien

Oder mit Hoffnung auf Glück (besser in zahlbaren CENT)

Endlagern in einem Schrank. ... Symbole kleinster Einheit -

Wo bliebe da der Konsens, gäbe es so etwas nicht.

22.10.1997

November, allein

Wie singen die Krähen metallzungenhaft
von ihrem Leben zwischen Agrarwirtschaft
Hinterhof-Mülltonnenglück
und nachgeworfenem Zweipfennigstück:

Die Baumskellett-Typen im nassen November
sind nur für diejenigen ähnlich
die alljährlich in den Süden ziehen

Die Sonne kristallisiert klebrige Masse
während sie flach aufgeht im Wimpern-Fjord
über einem Meer dünner Flüssigkeit -
zwischen Lidern, Gähnen und Einsamkeit

15.11.97

U-Bahn Berlin III

Wiederholt -

an den Fensterkanten zwischen und Innen- und Außenwelt -

zerschnippelt der vorwärtsschnellende Zug

die vagabundierenden Blicke:

Finger-Blicke Zungen-Blicke Phalli-Blicke

Intimität

deren Guillotinierung man rücklings beim Ausstieg ersehnt

wird hinter Zeitungen und Sonnenbrillen

verscheucht

wie in Gedachtes verliebte Obstfliegenschwärme

Sei hier -

ICH als Fluchtpunkt des ANDEREN - im urbanen ES

in gemeinsame Tunnel geschickt - unnatürlich

ungeträumt

Polyesterparanoid im Graffitti-Schlangenwald

Per Walkman

versagen MOZART und BRAHMS als Autopiloten -

beim TUNNELFLUG in heruntergespieltem Miteinander

sonderst du

Beton-Gehirnwindungen aus der Gegenwart ab

Neben den Türen -
der Notbremsen-Spruch liest sich als Hohn denn
bei steigender Perfektionierung der Bettelversuche
stolpert in Herzen
der Ernstfall über ein jeweils perfekteres Bein

22.11.1997

Rede an die Poeten
(Herrn Herzog ins Fahrtenbuch)

der sparzwang • seit jeher unser gemeinsamer
lebensstil • sei durch höhere
gewalt auch in zukunft unser
freudig ertragenes schicksal •
freiheit und schrumpfung • sie
scheinen sich zu fliehen und
haben sich eh man es denkt •
gereimt • veränderungen ohne
visionen sind also möglich • aber •
bei all dem positiven • meine
damen und herren poeten • wir der
bundespräsident • die macht des
faktischen ohnehin • bitten sie •
bleiben sie trotz allem kritisch •
denn schauen sie meine frau zum
beispiel • also • auch meine frau
liest • ab und zu • gerne • heyne

28.12.1997

92

Zur Erinnerung

Nicht zu vergessen:
Die Schnitte der Krähen ins
Himmelszellophan

Anders die Nadeln
transienter Flugzeuge:
Lügend weiß statt schwarz

30.12.1997

Heroin
(Für T.)

In einem Comic-Strip der Müde-Leute-Welt
bimmeln Hirnglocken das Halleluja herein
durchs Teufelshorn in den Adern das
Fingern Gesichter zerrinnt

Tage zu Tapeten
wechseln in Räumen des Alltags -
da bildet Schwere-Masse knotiger Trauer
ihre unvorstellbare
Krümmung im Traum

Keimungslos wund geworden
im Winkel raumzeitrelativ krumm -
Schuß um Schuß Trägheitsgesetz -
Sartyrium substitutiver Sehnsucht

4.1.1998

nachmittag@home.de

Der verzweigte Ast eines Baumes

hält das Licht her dessen

Quelle in meinem

Rücken liegt

Ist das

eine

e-mail?

Die Sonne

wandert dabei

minutenweise weiter

und nimmt ihr Bild wieder mit

11.1.1998

Semaine toujours - Berliner Busfahrt im Winter

Flirt-Flick-Flack -
Koketterie mit Novembermiene -
Flügelhängenlassen im Fall
daß sie vorher aussteigt

Vom Sonnenfleck abgeknipst: lange Licht-
bögen rotgeschnipselt zwischen den Lidern -
Aufgetrumpft durch Winterluft gebohrtes
und Glasscheiben und Menschenmengen
stehendes Licht - seicht quirlig endend -
über jedem Material - auch Haut

Blöd vor Kälte
Laternen in Buckelhaltung
hinter ihrer tagsüber
unvergessenen Pflicht

Kontrolleure mit Sahnelächeln -
Jazz am Lenkrad
wer schleichend
dem Individualverkehr fröhnt –

Alles das - auch ohne Cocktails -

morgen sicher vergessen

29.1.1998

Der Mann aus der Buchhandlung raus rein ins Taxi

Gut und viel gereist soweit

aber der Koran bleibt heilig im Bücherregal

zwischen Konsum und Kommunismus

wohin er eilig zurückgestellt wurde

nachdem seine Seiten zwischen

Fingerbeeren blitzen durften

flink ohne letztendliches

Glück neu zu erwachen

in geneigtem Verstand

in so fremder Sprache

Erika und den Kindern

mehr etwas mit Bildern

und mir zum Entspannen

ZEIT und GEO-SPEZIAL:

Tümpel unsichtbaren Glücks

auf den Gummi-Fußabstreifern

bildet die entgrenzte Zufriedenheit

aus Körperteilen fließend wie z.B. jenem

Armeck kumpelhaft gelegt über eine Polyester-

polsterlippe von Rückbank

13.2.1998

Weltenei

Es ist

Immer

Noch

Worlds egg

Its

always

yet

24.2.1998

Hawai´i und San Francisco - ein Reisetagebuch - 4.3.-4.4.1998
Flug transatlantisch (Amsterdam - Los Angeles - Honolulu)

Klatschen bei Start und bei Landung - Touristenklasse ...

Der dreihundertvierzigste Zahnstocher fällt ins

Plastikgeschirr -

Im Hin- und Herschweben der Stewardessen gefangen

(betende Bienen blonder als Kaffeeweißer) eine Alte

aus dem Iran?

Die Zeit blättert ab

in der Geschwindigkeit auf der

kerosingebeizten Flucht

vor der aufgegangenen Sonne -

Die Zeit

wird in Stücke gepellt vom Körper der

Uhr ohne Zeiger und Zahl

und fällt

weit

durch das denkbare Landkartenraster

der Zeitzonengrenzen ... -

Andauernde Gegenwart ohne höhere Wolken

bleibt

und setzt Metall der Sonne aus

wie auch Grönland Hudson-Bay Rocky-Mountains

(mit dem Finger durchs Lugloch gedeutet) …

Und dann - unvermittelt - wieder einmal

das Captain-Cook-Motiv mit seinem Riß tief ins Vertrauen

Prinzip Mißverständnis in Variationen und

aufgespannt in der Tondifferenzierung der Hautfarben:

Wütendes Schulterzucken des polynesischen Nachbarn

verrät seinen Kampf mit der alltäglichen Abschätzigkeit

(so wird mein Blick interpretiert

der erst sein Kind trifft

und dann vorbei die gigantischen Wolken

drunten …) -

Wieder werden die Möbel im

Weltbild geradegezogen

die Patina tiefer die die Farbe seines

Gesichtes und die seiner Hände ist - Wieder dunkelt

die Sichtweise einen Schritt nach

die dem Bild eines herüberblickenden

Weißen

zugrundeliegt -

Wieder -

ist es ein Heimflug ...

Wohin auch

die fallenden Fetzen der Zeit? - ...

Am Tag

wo der Satz wieder sonnenwärts gehen soll

über Kanada Nordatlantik Grönland und

wieder Atlantik

wird auch sie

wieder eingesammelt werden

und eventuell auch behalten

in einem Millimeterfältchen mehr

das die zurechtgewiesene Lüge von der gewonnenen Zeit

überqueren läßt

unter dem Mikroskop der Erinnerung

wie z.B. Rocky-Mountains

zwölftausend Meter über Normalnull ...

5.3.1998

Smaragdeidechse

Senkrecht ihr Körper
am Blatt -
der ruckartig gewendete Kopf
mit dem Blick der Verstorbenen

Hinauf den Hang nachts
schweigt der Wald
durchbrochen
von den schwierigen Schnörkeln
des Ornamentes der Vogelgesänge -
Netz über Bergen
die schweigen

Kilometer
über der vergessenen Glut

8.3.1998

Kaua'i, Kapua'a: Im Garten hinter dem Haus

Ich lasse

verdeckt von kühlenden Blättern

den Pfeifenrauch im Gegenlicht leuchten

das warme Flecken bildet

auf Brust und Stirn

lasse Vogelstimmen

heranreichen

und die allabendlichen Katzen und Hunde -

Ewig leckende Zunge

eines anderen Ozeans

der in den Bergen beginnt

und dessen Entfernung mit dem

Einbruch der Nacht

weiter abnimmt

11.3.1998

Kaua'i, The Garden Island

Vielfalt in jeder Richtung -

Explosion der Farbe Grün -

Detonation deren Druckwelle

das gesamte Farbspektrum mit erfaßt

um erst in Restspritzern aus Gelb Blau und

Rot

zur Ruhe zu kommen

Bäume Farne Büsche Blüten Farne -

Das andauernde Regendach im Inselinneren

schrumpft alles zurück

auf das Moos

das die steilen Berghänge lückenlos abdeckt -

zerschnitten

von zahllosen Wassersträhnen

(halb Fälle halb Flüsse)

die man hier wie so vieles beliebt

per Helicopter zu goutieren ...

Ruhender Kreislauf -

Welt im Wassertropfen
der das Licht der Sonne bricht -
selbst nur durchbrochen
jahrzehntegemäß
von einer Faust aus Wolken
die dann den Ozean
mehrstöckig heranpflügt -
tagelang eindrischt -
Eiland für Eiland ...

Bis sich der Kreislauf recht schnell wiederherstellt
und die selben Papierhäuser zwischen Plantagen
den Inselrand lose zu füllen beginnen -
getrennt vom Ozean nur
durch einige Felsküsten weniger
und einige schnell sehr beliebte
Sandstrände mehr

13.3.1998

Hawai'i, The Big Island

Hier wird Geologie geschrieben
in städteflächiger Lava
in einem Babel aus Bläschen -
im Gestein der Ströme
die die Inseln erschaffen
und halten:
Kilometerbreit und -dick   -
Tarnkappendecken aus einem Guß
elegant in Schiefertönen erstarrt -
metallisch glänzend
überhaucht
vom schillernden Spektrum
der Oxidationen

Über den älteren Armen der Lava
verwildern die knisternden Flammenbüschel
geblichener Gräser -
Im kühleren Inland Wälder und Baumfarnoasen -

Der Wind strahlt vom Meer flach herein

über die ansteigende Küste
über die ausgebreitete Kruste -
Ohne den Luftstrom zu treffen
zeigen die Strahlen der Sonne
durch die greifbare Luft
und laden die grobschwarze Ruhe des Bodens
mit neuer Glut

- Ruhe mit neuer Glut!
Wo sich der brüllende leuchtendflüssige Stein
erdinnerer Tiefe
in die dröhnenden Wasser des Ozeans schob
und immer weiter schiebt
und dröhnt
ziehen faltig verdreht
Elefanten- und Walrücken
über neues Gestein in die Salzwasserbrandung
ins zerspringende Weiß -
Faltige Nachtmasse
am Inselbeginn -
als hätte man Unmengen Teig angerührt
ohne fertig zu werden

Für den Rest bürgen der See- und der Luftweg -

Korallenriffs Flora und Fauna

die Menschen und Sprachen

im eingeführten Jahrhundertwechsel -

All das Bekannte

beim Weg der Hawai´ischen Inseln

auf den Händen der pazifischen Platte getragen

zum Kurilengraben-Abgesang -

Um bei Kamtschatka

sechstausend Meter hoch

die kontinentale Vulkanflut zu schüren -

Geboren gelebt und zurückgeholt -

Melodien von Meer Luft und Magma

18.3.1998

Maui, Kihei

Nacht um die Häuserzeilen

umrahmt die zeitlose Glühbirne

an einer Holzwand

Dort kleben rechtwinklig zueinander

zwei Geckos -

gerichtet auf die Blase aus Licht

(Der eine rückt lautlos

ein Stück weit zur Seite

und stoppt: - er

der Minutenzeiger

bringt die Zeit ins Spiel zurück)

Sie setzen wieder

eine Fliege matt

24.3.1998

San Francisco - Museum of Modern Art

Vom dritten Treppenaufgang aus

Einblick ins Atrium des Foyers -

Kreis- und Viereckgedanken

- symmetrisch -

amerikanisch

durchlaufene Geometrie aus Europa

Aus der Verwirrung der

Galerieflügel

ziehe ich die Arme meiner Gedanken hervor

(hazardeurischer Bilderbazar

Jogging für Augen -

unaufhaltsamer Kunstgenuß und

bullige Nachmittags-REM-Phase

für fünf Dollar each)

Am Ende der Verwirrung

nach der Feier der Vielfalt

wölbe ich mich leer über die Brüstung und

himmelhaft von oben -

ein Einblick ins Atrium des Museeumsfoyers:

Im Zentrum die

Kartenabreißerin

im Zentrum also die beim

Eingang gesehene

elefantenhautgesichtsverhangene

kunstzähnezeigende (nur die obere Hälfte)

"yeeaah" sagende

Gleichgültigkeit -

Und nur von hier oben

sieht man sie wirklich

sitzen in ihrer Position

wird sie zum

Zentrum

- symmetrisch -

Links und rechts wandern

- selbstverständlich symmetrisch -

Dollars über die blanken Holztischhalbmonde

der Kassiertresen

links und rechts

vom Zentrum

werden waagerecht Geldscheine weitergereicht

scheu serviert

reserviert wie man

nur Geld wieder los lässt

stoßen Dollarscheine aufs Neue in See

am Rande des Viertels der Banken der Stadt

an der Küste Kaliforniens

werden kleine grünliche Segel gerafft

gezählt

gezählt

wandern vorübergehend

ins Kassierkassenschwarz

füttern Geldbeutel - wandern

Die Frau dazwischen mit dem

fleckigen Haar ganz

im Zentrum

(Italo-Woman … forte-forte!)

sie -

mit den glasigen Augen

hinter wulstigen Lidern

(zwei Sonnenuntergänge sizilianischen Obsidians) -

kreuzt so jetzt die altägyptische Sphinx

von oben gesehen und aus der Moderne heraus -

aus Licht und Stahl und weißem Beton

am verdeckelnden Glasabschluß -

kreuzt nun von oben besehen

glückbringend

vor dem Körper die Hände

und kratzt mit der einen

den Rücken der anderen

kratzt mit den brüchigen Nägeln

mit dem Rechen der an ihren Enden

splitterrot lackierten Forke

ihre Haut -

bleibt ganz

das Zentrum der Geometrie

- symmetrisch -

und gilt

unbemerkt

nur von oben

insgesamt übersehen …

Museum of Modern Art -

von außen betrachtet geschachtelt

die drei Backsteinetappen der Stöcke

- symmetrisch -

von außen das Atrium schräg

abgeschnittener zentralglasverdeckelter

zebraägyptischer

Lipstick

31.3.1998

San Francisco - Drogenverkauf in der Golden Gate Avenue

Was hilft es das "Händeaufsdach!"
(musikalischer Schal für Spießer)
vor der solitären Kälte?

Die kleine Ordnung der
vorm Verbrennen fest
eingewickelten Droge

Gegen das Stehen am
Straßenrand leerer
befriedigender Ziele

Staubsauger des Spottes
der Abscheu und Heuchelei
am Straßenrand bitter

Arbeitsloser Arbeitgeber
unempfindlich andressierter
Spürhundnasenherrenmenschen

Was hilfts:

Am Straßenrand am

Tiegelrand chemischer Zauberei

1.4.1998

Berkeley - Der Campus der University of California

Mehr Teens als Twens und ihr
wohlerzogener Giraffengang
in verkrüppelten Platanenalleen
… verniedlichte Natur

Gesichter-Surfing in gebrüllten
"Jesus-loves-you!"-Schallwellen
passionierter Hobbyhohepriester
von draußen

Das Geschrei der Verrückten
macht hier keinen mehr heiß …
Nur der Gestank einiger Penner
- langsamer als jeder Student -
bildet unangetastete Höfe und
relativiert sie zu Felsen
im Fluß gemessener Strebsamkeit

Verniedlichte Natur …

bunte Haare bedeuten

hier längst nicht mehr

ein Ende der Familiensaga

2.4.1998

Kneipe, morgens

Dein Gesicht fällt ins

schaumlose Spülwasser -

Hundeschnauze die ins

Licht des Türspaltes schnuppert

um Aprilluft zu schnappen

7.4.1998

Hinterhof, städtisch

Es sind hier die Bäume die nicht über sich
das Innere der Dachrinnen kennen
und die Verstopfung durch eigenes Laub
letzter Jahre

Hier stehen die Mülltonnen
Hier kippt der Hauswart
den Unrat aus seinem Eimer
bei Küchenabfall und Küchenabfall -
neben Werbeprospekte
die der Trennung entgingen
leeren behaart diese zwei blassen Arme
den Müll aus ins neue Jahrtausend

Höher die Bäume und unten
Gänseblümchen plus Löwenzahn -
alle kennen das gesichtige Himmelsvieleck
oben -

Doch der Himmel

(variabel wie die Launen

in den Vierecken der Fenster)

fügt dem Hof nur ein weiteres Fenster hinzu

26.4.1998

Regen in der Stadt

Zwei stöckelige Beine energischer

überm Asphaltspiegel

wechselnd

Vögel

einige eilige Steinwürfe

zwischen trockeneren Stellen

23.6.1998

Kiez

die alte ums eck
wirr seit zehn jahren
nie bösartig eher
freundlich

(in ihrem unterbewußtsein konnte man
fische fangen ausgebreitet
wie tücher der kinder vom flohmarkt
voll bunter sachen)

schwirrt aus morgens
nach dem zivibesuch
der schnell noch das
frühstück servierte

ausländer alles diese
rausschmeißen verlauste köppe an der
ampel im wechsellicht abwesend
medium eines anderen deutschland

4.7.1998

Variation dieses Themas

Liebe -

ein

Ei

(auszubrüten)

Setz dich

nicht

fest

7.8.1998

Was fehlt

am bahnsteig - der irre
obdachlos
lächelt natürlich
jetzt weißt du warum

sein herz formt die
hände zur kuhle
formt küssbar das
lausige lüftchen
abhaltende loch

und feierlich klickt
leuchtet das feuer darin
genußvolles licht
formt das erwärmte
herz diese kuhle
inmitten der hände -
die fehlende zigarette

7.8.1998

Prenzlauer Berg, nachts

In mir fällt der erste Schnee
Begrenzte Sicht beim
Blick aus dem Fenster hinüber
zu den Breschnew-Gesichtern
der Fassaden (Melancholischer
Politbüro-Blick 60 hinterdunkelter Fenster)

Irgendwie russisch der Abend
Der Münchner Besuch
konstatiert wie urig Ofenheizungen
wie hoch die Räume der Häuser
der Gründerzeit waren (es wird Zeit
merke ich umzuziehen in die 2000er Jahre)

19.9.1998

Blues

Nachtherbst Zitrone tropft aus deiner Faust
in lichterdurchschossene Wunder aus Bier
Ein Fliegendickschädel setzt sich andauernd
nicht durch vor der Fensterglaskathedrale

Autos unten
fahren fort in
beide Richtungen

Bleib wach schau es dir ruhig gut an
säurehaltige Wahrheit klein wie ein
Kernkerker für die Ewigkeit malt
lückenhinterlassend dein Lächeln

19.9.1998

Zur Erinnerung II

Großartiges Schneckenhaus
Gedächtnis

Ziehe dich nicht zurück
bau weiter

Kammer um Kammer
dein Universum

15.12.1998

Im Flug des Wechselsterns
(Abendhimmel Berlin - für A.)

Du siehst den zitternden Wechselstern

fliegen und im apricot von unten

beschienenen Wolkenband

verschwinden

Das Bild läßt dich allein mit den

Zufallsstrukturen der Wolken

in ihrem momentanen Zustand

Die Stadt strahlt ihn hinüber - gelebt

und getrieben zu Kräften der Vielfalt

verschiedenster Hoffnungen

verschwindend

Das Bild läßt dich allein in den

Zufallsstrukturen der Wolken

in ihrem momentanen Zustand

Im Wechselstern richtet man sich ein

auf Buenos Aires New York Sidney

Heimflug oder aufs morgen

Verschwinden

Du läßt das Bild allein in den
Zufallsstrukturen der Wolken
in ihrem momentanen Zustand

16.12.1998

Erlebnis

ich senke augen stirn mund

ins refugium ihrer hände -

blicke ins unendliche -

unscharf sinkt nahe-

liegen-

des

ringes an deinem finger

läßt wirbelnd den lichtreflex frei -

schneesternschillerndes vieleck -

träne abseits des

denkens:

wir

10.1.1999

Zugfahrt Ost-West - Berlin-Nürnberg
(Für Y.)

"Seine Zähne erinnerten sich an die Zeit vor dem Messer."
Heiner Müller, *Herakles 2 oder Die Hydra*

I

Zeitschneise

in die Lange Nacht der Messer -

kaum vergessbar die ZEITEN DER ZÄHNE

bei ECCE-HOMO SCHAUERN und Stalin-Oden -

wie lange schon durch die Mündung gespült

hinter halbdurchlässigen Spiegelungen

als Nadel winzig durchs Nachtfleisch

getrieben durchstürzt dieser Zug das

Jahrhundert mit Auftakt und Koda

versaut in Wochenschauästhetik

vergaste Ratio totgetrampelte

Emotio gegen sich zu-

rückgeworfen

in Fensterreihen

halmlanger Gänge -

Gesicht im Gesicht - Stapel von Gängen

in die Schächte von Aberspiegelungen -

ins Dunkel die Ausnahme Licht -

Wie nun weiter hinter der Mündung

als Nadel durchs nächtliche Windfleisch

In Gedanken Dein liebender

Blick - Augen-Argumente für

empfindende Gemeinsamkeit

selber inmitten des Trottes mänadiger

wurmstichiger Nachgeborener

Alles- und Andersmacher

(So haben wir

alle alles anders

als alle andern je alles andere je

anders gemacht hätten

machen wollen – oder auch weniger)

inmitten des Trottes Besserwissender

Liebloser Lebloser in der Nacht

zu lange in der Nacht schon

in der Nacht der Messer -

Klingensprungjahrhundert -

Biologismus und Wahn -

Schrödingers Gleichung

Schrödingers Katze und

Schrödingers *'Geist und Materie'* -

Mit Denken wie

ein Wintertag bei tollen

Thesen mit Restalkohol -

Unschärferelationen der Mitmenschlichkeit und die

ERNSTHAFTE ENTARTUNG UNSERES
DENKORGANS DURCH FORTSCHREITENDE
MECHANISIERUNG UND VERDUMMUNG
DER FABRIKARBEIT DIE LEICHT ZU
ANTISELEKTION UND EINER AUSLESE DER
UNBEGABTEN UND TATENLOSEN FÜHREN

MAG ...

Zu lange in der Nacht schon

in der Nacht der Messer

- Biologismus und Wahn -

Klingenjahrhundertsprung -

UMWELTFLÜCHTLINGE ALS BIOINDIKATOREN

FÜR DIE LAUFENDE UMWELTZERSTÖRUNG und

Diplomarbeiten über MUTATIVE DEGENERATION

UNSERES EUROPÄISCHEN GESCHMACKSSINNS

DURCH EINFLÜSSE US-AMERIKANISCHER KULTUR

- Und wie lang durch die Mündung gespült

wie lange her die Zeiten der Zähne -

Da beginnt der Burger zu schmecken

in Gedanken Glatzenkegeln spielend -

anstatt neueren Erkenntnissen zufolge

wie der Buckelwal seine Beute per Zunge

unleugbaren Sog alogisch erzeugend zu schlucken -

wie lange schon durch die Mündung gespült

wie lang her die Zeiten der Zähne hinter

halbdurchlässigen Spiegelungen zu-

rückgeworfenes Aberdu in

Fensterreihen halmlanger Gänge - beruhigend -

mein Hirn hat schon seine Wut und Wand

nichts gibt mehr wesentlich nach aber wer die

Zeit nennt verharrt atemlos - seine Zunge -

ein Blauwal der ganz langsam aufmerkt -

Wie lange her die Zeiten der Zähne

vergilbend beleuchtet bis ein

Schaffner erscheint bis ein

Morgen heraufzieht

halbhoch rosé

ins helle Türkis

und stabileres Blau

(Im Zwielicht erneut

am Ende der Verpuppung

spielt geduldig der Skarabäus

die Protagonisten der zyklischen Zeit

Erd- Mond- und Sonnenball

gegen einander aus)

Kaum vergessbar die Zeiten der Zähne

wie lange her erst

durch die Mündung gespült

- Blicke in jede Richtung -

Der olle Buckelwal

vor die Schaluppe der Zukunft gespannt

bewegt seine Zunge zum Sog -

voll von gewaltigem

langsamen und

zahnlosen

Hunger

II

Zeitschneise

in die Lange Nacht bei Weimar und

tiefer im Osten - Gesprächsfetzen

im halmlangen Gang deutschpolnisch gefärbt

hangeln entlang am

Zigarettenrauch

seitwärts verweht -

Wirbelsäulenmuster -

auch im Quecksilberhauch der Spiegelungen

über der Finsternis

als Hintergrundlasur in den Fenstern

in denen die Welt der Dinge langsam

schneller auftaucht -

DER REGEL FOLGEN - dem Züge-Rhythmus -

übermüdet in ausgemergelte

Bildervermehrung - Gaslampengeister

in anonymer Versammlung drängeln

sich um den Verstand denn für sie wird es

ENGER gegen das nahe Ende des

zweiten Jahrtausends christlicher Rechnung -

DER REGEL FOLGEN - dem Züge-Rhythmus -

die anonyme

Versammlung drängt sich

und zupft am feinen

Psychoflaum da spürt

man die Verbindung

bei Denken Metrik

WEGWEISERN Zügen

metrischem Handeln

mit dem und mit und

dem Wort Massenmord -

IM FRÜHTAU STEHN DIE

HAARE ZU BERGEN --

DER REGEL FOLGEN - im Zug der Physik -

mein Wollpullover rieb sich nur an den

Polstern aus Polyacryl genau wie

ein Lederschuh auf dem halmlangen Gang

aus Polyvinylchlorid Ladung schluckt -

Sicher: all das gilt und gilt noch weiter -

aber der Mythos der Zeitrechnungen?

DER REGEL FOLGEN - Im Züge-Rhythmus

erscheint rascher

lähmende Ehrfurcht vor allem Wechsel -

erst recht wenn er nur mitgezählt ist -

du satte 2000

- im Namen des Gedenkens das sie

zertrümmert als Zahl -

sie ist das Symbol -

ist DER ZUG -

vorne: DIE ZWEI

als Triebwagen -

DIE DREI NULLEN

menschenvolle

Viehwagons denn

so wird hier nichts

dekoriert

nichts versteckt nichts

manifestiert -

so wird alles

dokumentiert

wie auch im

Quecksilberhauch der

Spiegelungen dort

in den drei Fenstern der Nullen die

wie die Zahlanwendung

es regelt

hier eben

nicht Nichts

bedeuten -

vor der Nacht

des anderen Gebrauchs

der Null

als Hintergrund-

lasur im Möglichkeitsraum

in den Zeitfenstern

in denen die Welt der Dinge

langsam schneller erscheint -

seltsames Jahrtausendspektakel

vom Kontinent anderer Kulturen aus -

mit dem eigenen Zählwerk über dem Schreibtisch -

Jubel-Tollhaus-Schnittbilder

vorüberfliegender

Weltränder -

wie die Verbindung

bei Denken Metrik

dekoriert

hier eben nichts

bedeutet -

über der Finsternis

der Zahlanwendung

bei anderem Gebrauch

unseres Zählwerks -

vor der Finsternis als

Hintergrund-

lasur in den Fenstern

in denen die Welt der Dinge

langsam schneller auftaucht -

Tannen-Fichten-Schnittbilder

vorüberfliegender

Waldränder -

Schwarzer Qualm

einer seitwärts verwehten Landschaft

III

Zeitschneise

ins Lange Morgengrauen -

im Puppenhaus-Blick Deutschland als

Ostdeutschland zu Beginn des Jahrhunderts

in mit Gaslaternen beschienenen Straßen

an seinem orangenen Ende mit

Franchising Ausländerraus Shoppingmalls -

THOUGH WORKERS BE LOST WORK SHALL NOT -

in mit Gaslaternen

beschienenen Straßen

am orangenen Ende

-- vorbei -

Im Kopf noch die Einheit und die

nachgereichten Errata der Wendestimmungen

im Kopf noch die Vielfalt der möglichen Folgen

des Nullnullfehlers - computerized Reality -

mit der kompletten Palette der möglichen

Errata von Endzeitstimmungen und

im Kopf katapultiert ins letzte Jahrhundert

durch die Doppeldeutigkeit der Doppelnull -

(Statt Angst vor realen Kometen

Angst vor Normalen Zahlen)

ROADS TAKEN AND ROADS NOT TAKEN

Jahrtausendfaultpas mit griffiger Formel:

Wie im Kleinen so im Großen im

sich Winden im

Schneckenhaus des Gedächtnisses -

von hinter der Schale die Information über

LIEDER JENSEITS DER MENSCHEN

klanglich verstärkt

Tanz im Strahlenwind

im Remastering der Angst vor

prionenhaftem Programmierblödsinn

unterhalb und jenseits der üblichen

Komplexität jeglichen Viruses - entfesselter

Endhass - da langt in Visionen der Kalte Krieg

aus seinem Grab - hochgeblasen im Gorgonenhaupt

der Atombomben-Pilzkörper - zeugt einen Hauch von

Titanic in Variationen - Schimmer von

Gedächtnis- und Kontrollverlusten -

Ahnungen vom letzten und DEM LETZTEN

Jahrhundertbeginn und abermals die

Entdeckung der Homöostase zwischen

Technikglaube und Apokalypse denn so

IST ALLES WAS ES IST:

unsinkbar und nicht unsinkbar

Internet Shoppingmalls Euro

Atomraketenabschußbunker -

in Gedanken Dein liebevoller Blick -

Augen-Argumente für empfindsame

Gemeinsamkeit selber inmitten der Reize des Alltags -

und in Gedanken einer Beize aus Alltag

Absurdes Banales -

die Geschichte der barocken

Wendeltreppe

die barocke Wendeltreppe

der Geschichte -

am Ende der Verstrickung

in Turns

mit Putten und Trompeten

am inneren Ende der Windungen im

Schneckenhaus der Galaxis

SMALL CRUNCH -

oder doch eine weitere Windung

im Innenohr

im Schneckenhaus des Gedächtnisses

das leisere Knacken vorm Hörsturz

infolge des Econoholic-Syndroms

oder eines Egoholic-Syndroms

nicht nur innerhalb Deutschlands

zu Beginn des Jahrhunderts -

an seinem orangenen Ende -

Sprunghafte Blicke über fremd- und

selbergeschmiedete Klingen -

Zeitschneise in die

Lange Nacht der Messer -

wenns hoch hergeht

ersetzt

durch die Zeiten der Zähne -

wenns aber höher hergeht -

wodurch dann die Zähne ersetzen

- Blicke in jede Richtung -

Im Augapfel je

ein Puppenhaus dieser Welt

Der olle Buckelwal - vor die Schaluppe der

Zukunft gespannte Zunge so

voll von gewaltigem

langsamen und

zahnlosen

Hunger

03.02.1999

Silicon Landscapes

I.

..
...
.....
honig
gerinnt
zu sand
verschmilzt
zum siliziumfabrikblock
splits into microchips handies
verschmilzt
unterm weihnachtsbaum (leuchtende augen)
als community
(allerseelen incorporated)
gerinnt zu
everybody is a kunstwerk
everybody is a star but
fusioniert
zum anteil am human-optionsschein-projekt
(wo sind wir sterne hin
bei tagesbeginn?
wohin wir papierwert
wertpapier?)
- nun -
dein kurs
reagiert radioaktiv
techniker! soziales genie!
captured in
bernstein
insekt
ewig
.....
...
..

II.

...

....

....

....

an den strand
geschwemmt
gläubige
blind
am rande
der wüste NUN
selbsttreue körperwelten
kandiert konserviert in diesen
gelblicheren brocken beim sand
spekulanten auf vitrinen-ruhe
durchs honigfenster
spricht nun
für sich
augenschein
gläubiger spekulant
rentner emmissionär
werft dem sand
euer gehör
vor
n
u
n
(wir
restlichen
sollen rieseln)
....

....

....

....

...

7.1.2001

Kneipe I
(Die Unterhaltung)

acid-jazz hallo und du?

ja ja ja. erfrischungstuch

scheidung und teilzeitarbeit.

wohnen im italienischen

landhausstil - carbonara ja ja.

lehrer. und du? naja also das -

kapselworte zweifarbig

in die runde geworfen.

beruhigung erfolgt:

industriekauffrau ledig.

7.1.2001

Kneipe II
(Zeitung und Buch)

der mann am tisch gegenüber

(unterhaltung suchende Blicke)

blättert die zeitung nervös drei mal durch. jetzt

kommen wieder die todesanzeigen

denke ich. er blättert schneller.

die toten sind unzufrieden

sagt herrmann kesten auf seite fünfzig.

der mann zahlt und geht.

7.1.2001

Synoptische	Translation	Biologique
Talking of death	Parler du décès	Reden vom Tod
Veut dire	Meint hier	Is to say
Erzähl uns von uns	Tell us about us	Dites-nous de nous
Life will win	La vie triomphera	Das Leben wird
Veut dire	Meint hier	siegen
Ausbruch vom	Outbreak from life	Is to say
Leben		Évasion de la vie
	Triompher de la	
Death has been	mort	Der Tod ist besiegt
beaten	Meint hier	Is to say
Veut dire	And the winner is:	Triomphe pour:
Der Gewinner	dying	mourir
heisst: Sterben		

4.3.2001

Inhaltsverzeichnis

"*Scheue Dich* ja *nicht davor, Unsinn zu reden! Nur mußt Du auf Deinen Unsinn lauschen.*"
(Ludwig Wittgenstein, 1947)